\備えいらずの/
防災レシピ

「食」で実践 フェーズフリー

飯田 和子
Kazuko Iida

東京法令出版

はじめに

　日々忙しく生活していると、忘れてしまいがちな災害や危機管理のこと。災害は、日常の延長線上で突然発生します。

　私たちは、常に災害によってガス・水道・電気といったライフラインが使えない、物資が流通しなくなるといった普段の生活が途切れる事象と隣り合わせの中で生活していると言っても過言ではありません。そのような非常時に対してどう行動するか、日ごろから事前に考えておくことが重要です。

　特に、私たちの生活に必要なのが「食」です。災害などの非常時の「食」には、備蓄してあるインスタント食品や災害食で乗り切るというイメージがあると思いますが、そんなときこそ、普段から食べている食事に近いものが食べられたら、心のゆとりに繋がり、がんばろうという気持ちになれると思うのです。

　2019年4月、そんな思いが伝えられる月刊誌『月刊消防』（東京法令出版）で「家で職場で　防災レシピ」の連載が始まりました。そして、より多くの人に「いつも」の食事を「もしも」の食事にすることの意義を伝えるべく、11月、単行本化に向けて、プロジェクトチームが立ち上がりました。2020年1月には、レシピ35品を決め、写真撮影のロケーションや動画撮影が進み、編集作業も着々と進められました。

　しかし、突然、状況が一変しました。

　世界で猛威を振るう新型コロナウイルスが3月ごろから本格的に日本国内でも蔓延し、4月7日には7都府県、4月16日には全都道府県に緊急事態宣言が出され、一人ひとりが危機感を持ちながら日々を過ごす生活が続いていました。

　そんな状況の中で我々も、出版をしていいかどうかを相当悩みました。

　しかし、こんな時期だからこそ、現状を理解し、現実と向き合い前進しようというメッセージを伝えることがこの本を出す意義であると強く感じ、チーム全員で検討した結果、1日も早く皆さまのお役に立てるよう、『備えいらずの　防災レシピ　「食」で実践　フェーズフリー』を出すことを加速させました。

つくったことのない料理を「もしも」のときにつくるのは難しいと思います。この本は、非常時のためだけの本ではなく、「いつも」の食事を楽しんでいただくことで、「もしも」に繋がるよう、日常時と非常時にいずれにも必要とされる「フェーズフリーな食」を提案した内容になっています。

　食べることは、生きることに不可欠で、どんなときでも必要です。だからこそこの本で、これから続く新しい生活様式の中でも食べる力を養ってほしいと思っています。

2020年6月

飯田　和子

Contents 目次

 主食編

副菜編

主菜編

汁物・飲み物編

スイーツ編

1 「食」は、どんなときも、チカラになる！

「いつも」の食事を
「もしも」の食事に

著者 飯田和子
インタビュー

食べることは生きること。
いつも、どんなときでもしっかり食べよう。

☕ 阪神・淡路大震災、東日本大震災、熊本地震、令和元年東日本台風など、大きな災害が続き、被害と向き合わなくてはいけない状況ですが、「もしも」のときのために、「食」の観点ですべきことはありますか。

一般的に、公的な支援が届くまでの3日分の食糧の備蓄が推奨されていますが、1週間分は必要です。しかし、だからといって、特別な保存食を買い置かなくてはいけないということではありません。

☕ 災害などの非常時に、普段家庭にあるものが備蓄の代わりになるということですか。

そうです。身近な食材や台所用品で間に合います。残っているお米や冷蔵庫にあるものなどで、電気、水道、ガスなどのライフラインが使えなくても、しっかりと食事をとることはできます。

☕ 普段家庭にある食材で、災害などの非常時に特に使える食材はありますか。

発災直後は、常温で保存でき、加熱しなくても食べられるもの、又は簡単な調理で食べられるものがいいですね。

☕ 具体的には、どんなものがいいですか。

主食としては米、米粉、乾麺など、主菜としては魚や肉の缶詰、きな粉や蒸し大豆などの大豆製品など、副菜としては乾物、野菜ジュースなど、あとは、ロングライフ牛乳等がおすすめです。

☕ ロングライフ牛乳等とは、スーパーなどで売られている普通の牛乳とは違うのですか。

はい。常温保存ができるので、冷蔵は不要です。60〜90日ほど保存できるので、「もしも」のときは、普通の牛乳と同じく、たんぱく質を補うことができます（25頁参照）。

☕ 乾物は、「もしも」のときにも使えますか。

「もしも」のときこそ乾物です。昆布やわかめなどの海藻類や、大豆、高野豆腐、乾燥野菜など、水や牛乳で戻すだけで食べられるものもあって、火の通りも意外と早いんですよ。

☕ 普段から、乾物を食事のレパートリーに入れておくと便利ですね。

そうなんです！　使い方を知っていると知らないのとでは、対応も変わります。栄養価も高いので、「いつも」の食事にも取り入れていただきたいレシピを今回は揃えました。

フェーズフリーとは「いつも」と「もしも」の垣根をなくすこと。

🏺 ここからは、今回のレシピの基となっているフェーズフリーについてお聞きします。簡単に教えていただけますか。

フェーズフリー（Phase Free）とは、平常時（日常時）や災害時（非常時）などのフェーズ（社会の状態）にかかわらず、適切な生活の質を確保しようとする考え方です。

🏺「いつも（日常時）」と「もしも（非常時）」の垣根をなくすことなんですね。

普段から、防災を意識することは大切です。しかし、備えることには、限りがあります。防災グッズを全部完璧に備えるって、金銭面や物理的にも大変ですよね。いつも使っているものがそのまま「もしも」のときに使えたら便利だと思いませんか？

「いつも」と「もしも」の2つの時間「フェーズ」を分けることをやめることが「フェーズフリー」なんですよ。

🏺 フェーズフリーに基づくレシピを提案するようになったきっかけを教えてください。

私の妹が、阪神・淡路大震災で被災後、しばらくキャンピングカーに、乾パンや水など、いろいろな防災グッズを積んで生活をしていました。それを見て、日常のものをそのまま非常時にも生かせないかと思ったのがきっかけです。

🏺 まさに、フェーズフリーの考え方ですね。また、どんな状況でも生活する上で、食べることは欠かせませんよね。

まさしくそのとおりです。そうした思いから、試行錯誤しながら活動をしてきました。でも、活動していて思いが行き着く先は、「食べることは生きること」なんです。どんなときだって、おいしいものを食べていたいですよね。

🏺 最後に、読者の方々にメッセージをお願いいたします。

編集者の方々に、読んで楽しい、調理して楽しい構成にしていただいたので、ずっと、皆様のそばに置いてご活用いただけるとうれしく思います。

必須アイテム 調理の際に注意しなくてはいけないポイントを押さえておきましょう！

ポリ袋

本書では、湯せんを多用します。高温のため、ポリ袋が溶けてしまうことがありますので、調理の前に必ず商品の注意書きを確認してください。

必ず「品質表示」欄をチェック！

● 湯せんができる
高密度ポリエチレン
（耐熱温度90〜110℃）

● 混ぜるときだけに使う
（湯せんには適していません。）
低密度ポリエチレン
（耐熱温度70〜90℃）
塩化ビニル樹脂の透明ビニール袋
（耐熱温度60〜80℃）

〈例〉

```
┌─────────────────────────────┐
│   家庭用品品質表示法による表示    │
│ 原料樹脂　ポリエチレン           │
│ 耐冷温度　− 30℃               │
│ 寸法　（外形）幅 200 × 300㎜    │
│ 　　　　（厚さ）0.01㎜           │
│ 枚数　200 枚                   │
│         ●高密度ポリエチレン使用   │
└─────────────────────────────┘
```

ココでチェック

 ### カセットコンロ

カセットコンロは、使用上の注意を確認のうえ、正しく使いましょう！

カセットコンロ使用上の注意

● コンロの使用期限目安は約10年。ボンベの使用期限目安は約7年（さびのない状態）。使う前に製造年月日の確認をすること。

● 使用しているコンロ専用のボンベを使用する。

● ボンベの凹部分とコンロのボンベ受けの凸部分を正しく合わせる。合っていないと、ガス漏れや火災の原因に。

● なべやフライパンなどは、カセットコンロが隠れない程度の大きさのものを使用する。

● テント内や車内では使用しない。

● ボンベは必ずキャップをして、高温多湿の場所を避け、直射日光などの当たらない収納棚などに保管する。

参考 一般社団法人日本ガス石油機器工業会ホームページ

湯せんの方法

step 1

なべで湯を沸かし、沸とうしてきたら、ポリ袋を蒸し布で包んで入れます。火が通ったら、菜箸やトングで蒸し布ごとすくい上げます。

ポイント!

ポリ袋は、熱で膨張し、破裂しないよう空気を抜きながら口を閉じる。

step 2

ポリ袋の結び目をほどいたり、キッチンばさみで切ったりして、器に移し替えるか、ポリ袋を器にかぶせて食べることができます。非常時には、洗いものも少なくなり、衛生的です。

ポイント!

湯せんには蒸し布を使うのがおすすめです

　蒸し布は蒸し料理をする際に、蒸しなべ等のなべに敷いて使いますが、湯せんをする際に使用すると、ポリ袋がなべ底に直接当たり、熱で破れることを防ぎ、水切れも早いです。

　蒸し布は、スーパーマーケットや100円ショップなどで気軽に購入できます。

　普段から用意しておくと便利です。

ポリ袋は、蒸し布で風呂敷のすいか包みの方法で包みます

すいか包みの方法

1 蒸し布の隣り合った端と端を真結びします。このとき、結び目の下に空間をつくります。

2 結び目の下の空間にポリ袋を置きます。

3 左右の結び目ができたら、どちらか一方の結び目をもう一方の結び目の空間に入れ込みます。連続して使うときに便利です。

できあがり

なべ

カセットコンロ全体を覆わない大きさのもので、深すぎない方がポリ袋を取り出しやすくなるためおすすめです。

スケッパー

四角く薄いカード型の道具で、主にパンやお菓子づくりなどに使われます。衛生的に袋の上からカットできるため、本書では、包丁の代わりに使用します。洗いものも減らせ、100円ショップなどで気軽に購入できます。

ピーラー

野菜の皮むきのほか、切るときに包丁の代わりに使用します。見た目にもおしゃれな薄く平らでひらひららした形状に切ることができます。

マイボトル

普段から持ち運びに便利なマイボトルですが、中身を振ってつくるレシピに使用します。振るときは、ふたが閉まっていることを確認してから使いましょう。

フライパン

カセットコンロ全体を覆わない大きさのものを使用します。

キッチンばさみ

肉などの厚みのあるものを切るとき、包丁の代わりに使用します。食材を直接切ってポリ袋に入れていくので、まな板を使わなくてすむので衛生的で、かつ洗いものを減らすことができます。

コップ

ドリンクを作るとき、中身をかき混ぜてつくるレシピに使用します。かき混ぜるとき、中身がこぼれないように口が広く、深さのあるものを使いましょう。

焼きあみ

カセットコンロ用のものを使用します。セラミック製のものなどを使用しないでください。輻射熱によってカセットボンベが過熱され、爆発することがあります。

レシピに関する注意点

- 計量単位は、大さじ1 = 15ml、小さじ1 = 5ml、1合 = 180mlです。
- 砂糖は上白糖、塩は食塩、しょうゆは濃口しょうゆを使用しています。
- 卵は、M玉を使用しています。
- 油はこめ油（35頁参照）を使用しています。
- 米は無洗米（15頁参照）を使用しています。
- 牛乳はロングライフ牛乳等（25頁参照）を使用しています。
- レシピの写真で、材料を加える際、演出上、ポリ袋をガラス製ボウルの上にかぶせて使用しています。
- カセットコンロの火加減は、中火で調理しています。
- つくり方の中にある、湯せんの写真の一部は、ポリ袋の中身を見せるため、あえてすいか包みをしていません。
- レシピの写真に出てくる付け合わせや小物等は、編集上用意したものです。
- つくった料理は、衛生的に扱いましょう。
- 湯せんは、他の料理と同時に行うことができます。
- 調理時間はあくまでも目安です。なべの大きさ、素材、気温によって変動します。

1 タイトル
一目でレシピの特徴が分かるようにしました。

2 調理器具アイコン
レシピに使う器具をイラストで示しました。

3 ハッシュタグ
レシピに関するキーワードです。巻末の索引と連動しています。用途、材料別の検索に便利です。

4 調理時間
料理をつくるときに必要な時間の目安です。

5 材料
あくまでも目安です。味付け等は、お好みで変えてください。

6 つくり方
写真を見ながら3ステップでつくれるようにレシピを構成しました。

7 ポイント！
各ステップの中で、調理やアレンジについてアドバイスします。

8 チェンジ！
手元に材料がないときの代わりの食材を紹介します。

9 フードコラム（注目の食材）
普段はもちろん、非常時でも役に立つ食材を紹介しています。

10 動画をチェック！
二次元コードをスマートフォンなどで読みとって、つくり方をYouTubeでより詳しく確認できます。

主食編

湯せんでできる！
カンタンご飯

#湯せん　#アウトドア　#和食　#お米

 ポリ袋　 カセットコンロ　 なべ

 調理時間
約**45**分

材料（2人分）
・米……1合　・水……210ml（マグカップ1杯程度）

つくり方

step *1*

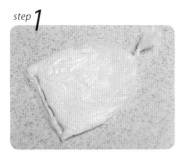

ポリ袋に米と水を入れ、空気を抜きながら口を閉じる。

ポイント！

- 水加減はお好みで調整を！
- 無洗米はとぐ手間いらず。

step *2*

沸とうしたなべに入れて20分湯せんした後、そのまま15〜20分蒸らす。

step *3*

袋のまま口を開けてそのまま食べられる。

ポイント！

塩昆布、ふりかけなどを混ぜ、袋を使っておにぎりにしてもおいしい！

注目の食材　米

　普段の生活に欠かせない米。災害などの非常時でも、ご飯を炊くことができます。体内のエネルギー要素として必要な炭水化物である米は災害を乗り切るためのベースとなります。

　水がない場合、緑茶や牛乳、オレンジジュースなども使えます。

動画をチェック！

主食編

おなかにやさしい！

ふっくらおかゆ

ポリ袋

カセットコンロ

なべ

調理時間
約**45**分

#湯せん #離乳食 #体調不良時 #和食 #お米

材料（1人分）
- 米……1/4合
- 水……300ml（マグカップ1杯と半分程度）

―― つくり方 ――

step *1*

ポリ袋に米と水を入れ、空気を抜きながら口を閉じる。

ポイント！

・水加減はお好みで調整を！
・今回の水加減は7分がゆ

step *2*

沸とうしたなべに入れて20分湯せんした後、そのまま15～20分蒸らす。

step *3*

袋のまま深めの皿やボウルに入れ、口を開けてそのまま食べられる。

ポイント！

離乳食や介護食としても最適！

動画をチェック！
▼

主食編

絶品！ お豆がたっぷり

トマトソースパスタ

#湯せん　#野菜が摂れる　#麺類

ポリ袋　カセットコンロ　なべ

調理時間
約**45**分

材料（1人分）

- パスタ……50g　• 水……100ml　• トマトジュース……300ml
- 蒸し大豆……50g　• なめたけ……30g　• 海苔……適量　• 粉チーズ……適量

——— つくり方 ———

step 1

浸ける前　　浸けた後

パスタを半分に折ってポリ袋に入れ、水を加え30分おく。

☞ ポイント！

水に浸けておくことで、短時間で湯せんができる！

step 2

トマトジュースを加え、空気を抜きながら口を閉じ、なべで湯せんする（パスタの袋の表示時間を目安に）。

↺ チェンジ！

トマトジュース→トマト水煮缶、野菜ジュース

step 3

ポリ袋を開け、蒸し大豆となめたけを加え、ちぎった海苔と粉チーズで味を調える。

↺ チェンジ！

蒸し大豆→ほかの蒸し豆や大豆水煮

☞ ポイント！

なめたけと海苔の風味で和風の味わいをプラス！

注目の食材　トマトジュース

ミネラルやビタミンCなどの栄養素を多く含み、缶入り、ペットボトル入りは長期保存が可能です。災害時の栄養補給にもピッタリです。そのまま飲んでもおいしく、トマトソースの代用として、料理に使うこともできます。食塩入りと食塩無添加のものが販売されています。

動画をチェック！
▼

長芋が決め手！

ふわふわお好み焼き

#焼くだけ　#野菜が摂れる　#たまご　#乾物　#缶詰

ポリ袋　カセットコンロ　フライパン

調理時間
約**30**分

材料（2人分）

- 長芋……100g
- A｜乾燥野菜（キャベツ、にんじんなど）……50g　牛乳……50ml　卵……1個
- 小麦粉……50g　・ツナ缶……1缶（70g）
- ソース……適量　・かつお節、青のり……適量

step *1*

ポリ袋に長芋を入れて棒でたたく。

👆 **ポイント！**

長芋をたたく際、棒の代わりにツナ缶のふち
を使ってもできる！

step *2*

1にAを入れ、乾燥野菜がやわらかくなった
ら小麦粉、ツナ缶を加えて混ぜ合わせる。

🔄 **チェンジ！**

- 乾燥野菜→冷蔵庫の残り野菜
- 牛乳→水

step *3*

必要に応じて油をひき、両面を焼く。焼きあ
がったらソースを塗り、上からかつお節と青
のりをかける。

注目の食材 **長芋**

　生でも食べられる長芋。包丁なしでも
簡単に調理でき、日常から買い置きして
おくと、いざというとき便利！
　皮が気になる場合はピーラーでむきま
すが、皮自体がきれいであればひげ根を
コンロの火で焼き切り、アルミホイルな
どでこすって皮ごと調理しましょう。

動画をチェック！
▼

大根の風味と旨味を味わおう！

大根もち

#焼くだけ #野菜が摂れる

ポリ袋

カセットコンロ

フライパン

調理時間
約**20**分

材料（1人分）

- 大根（すりおろし）……50g ・米粉……50g ・油……小さじ1
- 練乳……大さじ1（あれば）
- ごま・青のり・桜えび・紅しょうがなど……適量（あれば）

── つくり方 ──

step *1*

ポリ袋に材料をすべて入れ、混ぜ合わせる。

☞ ポイント！

大根（すりおろし）は汁ごと入れる！

step *2*

必要に応じて油をひき、フライパンで両面を焼く。

☞ ポイント！

焼きあがった大根もちは、海苔で巻いて食べてもおいしい！

☞ ポイント！

　米粉が家庭にないこともあると思います。もし、切りもち（保存のきくものが市販されています。）があれば、すりおろすことで代用できます。切りもちは、粉にもなるんです！

注目の食材　米粉

　お米を粉末状にしたものです。小麦アレルギーの人向けに小麦粉の代わりとして使えます。
　米粉は小麦粉と違ってダマになりにくく、ふるいにかける必要がないので、災害などの非常時にも使いやすいです。

動画をチェック！
▼

湯せんでできる！
ふんわり蒸しパン

#湯せん　#アウトドア　#つくって楽しい

ポリ袋

カセットコンロ

なべ

スケッパー

調理時間
約**40**分

材料（1人分）
- ホットケーキミックス……150g
- ドライフルーツ（レーズンやクランベリーなど）……30g
- 牛乳……150ml　・油……小さじ1

—— つくり方 ——

step *1*

ポリ袋にホットケーキミックスとドライフルーツを入れて空気を含ませながら混ぜる。

チェンジ！

ドライフルーツ→コーンや甘納豆

step *2*

牛乳、油を加えて混ぜ、こねる。

step *3*

空気を抜きながら口を閉じ、30分程度湯せんする。湯から出したら、袋の上からスケッパーで切る。

注目の食材 **ロングライフ牛乳等**

　製造過程において滅菌を徹底し、製品の紙容器を多層構造にしてつくられた牛乳等です。一般的な牛乳と栄養面で差はありません。一般的な牛乳が10℃以下での保存が必要であることに対し、未開封であれば常温でも長期保存が可能なため、冷蔵庫に負担をかけません。

動画をチェック！
▼

主食編

フライパンでできる！
本格スコーン

#焼くだけ　#アウトドア　#つくって楽しい

ポリ袋	カセットコンロ	フライパン	スケッパー	キッチンばさみ

調理時間
約**30**分

材料（8個分）
- A｜小麦粉……200g　砂糖……40g　ベーキングパウダー……小さじ1　塩……少々
- 生クリーム……200ml

step *1*

ポリ袋にAを入れ、空気を含ませながら混ぜたところに、生クリームを加えてこねる。

↻ チェンジ！

- A→ホットケーキミックス
- 生クリーム→牛乳

step *2*

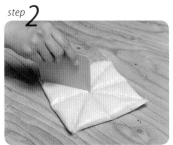

袋の上からスケッパーで切り込みを入れる。

step *3*

袋の周りをキッチンばさみで切って取り出し、クッキングシート（あれば）を敷いたフライパンで焼き色がつくまで両面を焼く。

☝ ポイント！

お好みで粉糖、ジャムを添えるとおいしい！

注目の食材 ベーキングパウダー

ケーキなどを焼くときに使われます。主な成分は重曹で、そこに酸性の物質とコーンスターチなどを添加してつくられています。便利な小分けサイズも市販されています。

動画をチェック！
▼

主食編

具をいっぱいのせちゃえ！

フライパンピザ

 ポリ袋 カセットコンロ フライパン

#焼くだけ　#アウトドア　#つくって楽しい　#野菜が摂れる

調理時間
約**45**分

材料（2人分）

ピザ生地 ・A｜強力粉……100g　薄力粉……100g　ドライイースト……3g
　　　　　　　　砂糖……小さじ1　塩……少々
　　　　・牛乳……100ml　・油……小さじ1　・ケチャップ……大さじ1

トッピング ・コンビーフ……少々　・野菜（冷凍野菜、干し野菜など）……100g
　　　　　　・ピザ用チーズ……40g

step *1*

ポリ袋にAを入れ、空気を含ませながら混ぜたところに牛乳に油を混ぜたものを加える。

🔄 チェンジ！

ドライイースト→ベーキングパウダー

step *2*

よくこねてひとかたまりになったら、20分ねかせる。

step *3*

生地を薄くのばして片面を焼く。裏返してケチャップを塗り、トッピングを加えて焼く（ふたをして中火で5分程度）。

👆 ポイント！

• ツナやコーン、マヨネーズをトッピングしてもおいしい！
• 野菜は、冷凍野菜や干し野菜、冷蔵庫の残り野菜など、家庭にあるものを使おう！

動画をチェック！
▼

棒に巻きつけて楽しい!
ぐるぐるパン

#焼くだけ　#アウトドア　#つくって楽しい

ポリ袋

カセットコンロ

焼きあみ

調理時間
約**45**分

材料（2人分）

- **A** 強力粉……100g　薄力粉……100g　ドライイースト……3g
  砂糖……小さじ1　塩……少々
- 牛乳……100ml　・油……小さじ1

主食編

step 1

ポリ袋にAを入れ、空気を含ませながら混ぜ
たところに、牛乳と油を混ぜたものを加える。

🔄 チェンジ！

ドライイースト→ベーキングパウダー

step 2

よくこねてひとかたまりになったら、20分ね
かせる。

step 3

割りばし2本にアルミホイルを巻いたものに2
を棒状にして巻き付け、焼きあみなどで回し
ながら焼く。

👆 ポイント！

- 棒は、身の回りにあるものでOK！
- パン生地は、間を空けてゆったりめに巻こう。
- クッキングシートを敷いたフライパンを
  使って焼いてもOK！

注目の食材　ドライイースト

イーストはパン生地の膨らみや香り、
風味を生み出す酵母のことです。インス
タントのドライイーストは、予備発酵の
手間もなく、粉に直接混ぜ込んで使える
細かい顆粒状になっています。
　また、便利な小分けサイズも市販され
ています。

動画をチェック！
▼

カラダを温める！
具だくさん
ミルクヌードル

ポリ袋

カセットコンロ

なべ

調理時間
約**20**分

#湯せん　#カラダぽかぽか　#野菜が摂れる　#麺類　#乾物　#缶詰

材料（1人分）

- インスタント麺……1個（付属のスープは1/3）　・乾燥わかめ……少々
- 乾燥野菜（ほうれん草、ねぎ）……適量　・コーン……適量　・牛乳……400ml

── つくり方 ──

step 1

ポリ袋に4等分したインスタント麺、乾燥わかめ、乾燥野菜、コーン、付属のスープを入れてなじませる。

チェンジ！

乾燥野菜→干し野菜や冷蔵庫の残り野菜

step 2

牛乳を加え、麺がやわらかくなったら空気を抜きながら口を閉じる。

ポイント！

生の葉物野菜をちぎって入れたり、大根や人参はピーラーでひらひらにして加えてもおいしい！

step 3

ポリ袋を湯せんする（インスタント麺の袋の表示時間を目安に）。

動画をチェック！
▼

クラムチャウダー風味！
スープそうめん

ポリ袋

カセットコンロ

なべ

#湯せん　#カラダぽかぽか　#野菜が摂れる　#麺類　#缶詰

調理時間
約**20**分

材料（1人分）

- A｜そうめん……1束（50g）　水……100ml　牛乳……200ml
- あさり缶……小1缶（60g程度）　・油……小さじ1　・小松菜……50g

─── つくり方 ───

step **1**

そうめんを半分に折ってポリ袋に入れ、Aを加えてやわらかくなるまでおく。

step **2**

小松菜、あさり缶、油を加え、空気を抜きながら口を閉じる。

🔁 チェンジ!

小松菜→乾燥野菜（干し野菜）や冷蔵庫の残り野菜

step **3**

ポリ袋を10分程度湯せんする。

注目の食材　こめ油

　油は、普段使っている油を使用して大丈夫です。ただ、料理によっては、油のにおいが気になるので、こめ油がおすすめです。

　こめ油は、米ぬかと米胚芽からつくられる植物油で、様々な料理との相性がバッチリです。

動画をチェック!
▼

塩昆布が決め手！

お豆と切り干し大根の和え物

ポリ袋

調理時間 約**5**分

#火を使わない　#和食　#野菜が摂れる　#乾物

材料（2人分）

・蒸し大豆……50g　・切り干し大根……10g　・牛乳……50ml　・塩昆布……少々

── つくり方 ──

step 1

ポリ袋に切り干し大根を入れて牛乳でもどす。

step 2

蒸し大豆と塩昆布を加え、袋の口を閉じ、空気を含ませながら混ぜる。

チェンジ！

蒸し大豆→大豆水煮

注目の食材 | 干し野菜

切り干し大根に代表される干し野菜は、古くから保存食としてつくられています。
干すことで栄養価が凝縮され、調理時間も短くなります。にんじんや大根などを薄くスライスしてざるに並べ、天日干しにすれば残り野菜も干し野菜に変身！

動画をチェック！

副菜編

乾物のほうれん草でつくる！

ツナとほうれん草の和え物

ポリ袋

調理時間
約**10**分

#火を使わない　#和食　#野菜が摂れる　#乾物　#缶詰

材料（2人分）
- ほうれん草（乾燥野菜）……1パック（40g）
- ツナ缶……1缶（70g）　・牛乳……80ml

── つくり方 ──

step *1*

ポリ袋にほうれん草を入れる。

step *2*

牛乳を加え、袋の口を閉じ全体をなじませる。

☞ ポイント!

牛乳で不足する鉄分をほうれん草でチャージ!

step *3*

ツナ缶を汁ごと加え、混ぜ合わせる。

↻ チェンジ!

ツナ缶→帆立缶、カニ缶

注目の食材 | ツナ缶

普段の料理でも大活躍ですが、非常時の食材としても重宝します。また、栄養を補うこともできます。ツナ缶は、油漬けのほかに、食塩無添加のものや、油を使用せず野菜スープを使用したもの、水煮などがあります。離乳食や幼児食にも活用できます。

動画をチェック!
▼

おいしさ際立つ!

基本の
ポテトサラダ

#湯せん

ポリ袋

カセットコンロ

なべ

調理時間
約**30**分

材料(2人分)
- 新じゃが(じゃがいも)……大1個(150g)
- A マヨネーズ……大さじ2
   こしょう……適量(あれば)
   粉チーズ……適量
   パセリ……適量(あれば)

step *1*

水で濡らしたペーパータオルなどでじゃがいもの表面の汚れを取り、皮ごとポリ袋に入れる。空気を抜きながら口を閉じる。

ポイント！

じゃがいもの芽はとろう！

step *2*

なべに入れ、やわらかくなるまで20分程度湯せんをする。

step *3*

新しいポリ袋に皮をむきながらやわらかくなったじゃがいもを入れ、Aを加えてつぶす。

ポイント！

・新じゃがの場合はゆでた後、ポリ袋の中で簡単に皮がむける！

・こしょうはお好みで！

注目の食材 | 新じゃが

日本では主に春先から夏場にかけて収穫されるじゃがいものことで、地方によって旬の季節が異なります。

普通のじゃがいもに比べると、皮が薄く、水分量が多いため、小ぶりのものは皮ごと食べられます。

動画をチェック！
▼

副菜編

副菜編

シャキシャキ食感！

わかめとコーンの和風サラダ

ポリ袋　キッチンばさみ

調理時間
約**5**分

#火を使わない　#和食　#野菜が摂れる　#乾物　#缶詰

材料（2人分）
- 乾燥わかめ……10g　・糸寒天……少々（あれば）　・コーン……100g
- ツナ缶……1缶（70g）　・ごま……適量　・酢……適量

── つくり方 ──

step *1*

ポリ袋にわかめとキッチンばさみで食べやす
い大きさに切った糸寒天を入れる。

副菜編

step *2*

コーンとツナ缶を汁ごと加え、袋の口を閉じ、
全体をなじませる。

 チェンジ！

ツナ缶→カニ缶

step *3*

ごまと酢を加え、全体をなじませる。

🔄 チェンジ！　　　　👆 ポイント！

酢→レモン汁、柑橘　　炒めてもおいしい！
のしぼり汁や市販の
ドレッシング

動画をチェック！
▼

冷蔵庫の残り野菜で！

塩昆布で即席漬け

#火を使わない　#和食　#野菜が摂れる

調理時間
約**10**分

材料（2人分）
・キャベツ……2枚程度　・塩昆布……少々　・ごま油……小さじ1

——— つくり方 ———

step *1*

ポリ袋にキャベツをちぎり入れる。

チェンジ！

キャベツ→レタスなど別の葉物野菜

副菜編

step *2*

塩昆布とごま油を加える。

チェンジ！

塩昆布→ふりかけやつくだ煮

step *3*

袋の口を閉じ、全体をなじませる。

注目の食材　塩昆布

　ご飯に乗せていただくのはもちろんのこと、漬け物やサラダに使ったり、パスタなどの主食に混ぜ込んだり、おかずにも使えて、味付けの一つとして重宝する食材です。

　また、塩昆布は、少しずつ加えて味を調節しましょう。

動画をチェック！
▼

煮豆をカンタンに！

黒豆のサッと煮

#煮る　#和食

カセットコンロ

なべ

調理時間
約**10**分

材料（2人分）
- 煎り黒豆……30g　・水……150ml
- A｜砂糖……小さじ2　しょうゆ……小さじ1　みりん……小さじ2

─── つくり方 ───

step *1*

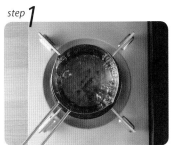

なべに水とＡを加えて加熱する。

副菜編

step *2*

沸とうしたら、煎り黒豆を加える。

👆 ポイント！

水分量は、豆がひたひたになるくらいが目安。

step *3*

5分程度加熱し、味がなじんできたら火を止める。

👆 ポイント！

水分量がひたひたの状態で強火で加熱しすぎないのが、豆にしわがでない秘訣！

【 注目の食材 】 煎り黒豆

　黒豆はお正月のおせち料理の定番ですね。黒大豆とも呼ばれ、大豆の一種に当たります。乾燥した煎り黒豆は長期保存が可能。思い立ったときにすぐ使えます。煮豆にして、甘めの味付けにすると数日間保存することができます。お茶受けにもおすすめです。

動画をチェック！
▼

副菜編

ピーラーでつくる！
ひらひらにんじん
サラダ

ポリ袋　ピーラー

調理時間
約**10**分

#火を使わない　#野菜が摂れる

材料（4人分）
- にんじん……1本
- A｜ちりめんじゃこ……少々　すりごま……適量（あれば）
　｜酢……大さじ1　砂糖（はちみつ）……適量　ごま油……小さじ1

—— つくり方 ——

step 1

ポリ袋に皮をむいたにんじんをピーラーで薄く切りながら入れる。

step 2

Aを加える。

👆 ポイント！

・ちりめんじゃこでカルシウムを補給！
・はちみつは1歳未満の乳児には与えない！

step 3

袋の口を閉じ、全体をなじませる。

注目の食材　ちりめんじゃこ

いわし類（片口いわし、真いわしなど）の稚魚を水揚げ後、食塩水の入った釜でゆで上げ、天日に干して乾燥させたものです。

頭から尾まで食べられ、カルシウムも豊富に含まれています。お料理に合わせることで栄養価もアップします。

動画をチェック！
▼

主菜編

ふっくら仕上げ！
カンタン蒸し鶏

#湯せん　#アウトドア　#お肉

ポリ袋

カセットコンロ

なべ

キッチンばさみ

調理時間
約**45**分

材料（2人分）
・鶏むね肉（皮なし）……1枚　・塩こうじ……大さじ1

—— つくり方 ——

step *1*

ポリ袋に鶏むね肉と塩こうじを入れ、もみ込む。

👆 ポイント！

鶏むね肉は、皮あり
でもOK！

🔄 チェンジ！

塩こうじ→塩＆こし
ょう、みそ、塩＆カレー
粉、トマトケチャップ

step *2*

空気を抜いて袋の口を閉じ、40分程度湯せん
する。

step *3*

湯せんから取り出した鶏むね肉をキッチンば
さみで切って盛り付ける。

👆 ポイント！

ポリ袋の中の肉汁は、お湯で割ってスープに
すると、無駄なく食べられる！

注目の食材　塩こうじ

　塩こうじはこうじと塩、水を混ぜて発
酵させた調味料です。塩の味だけでなく、
発酵によって生まれたうまみや甘みなど
が加わるため、塩の代わりに使うと、深
いコクが加わります。また、酵素の力で
お肉などがやわらかく仕上がります。

動画をチェック！
▼

トマト缶が決め手！

ウインナーと 大豆のトマト煮込み

ポリ袋

カセットコンロ

なべ

キッチンばさみ

調理時間
約30分

#湯せん #アウトドア #お肉 #缶詰

材料（2人分）

- ウインナー……4本
- A｜蒸し大豆……50g　トマト缶……1/2缶　こしょう……適量

つくり方

step 1

ポリ袋にキッチンばさみで食べやすい大きさ
に切りながらウインナーを入れる。

step 2

Aを加えて混ぜる。

 ポイント！

• 冷蔵庫の残り野菜を加えても OK！
• こしょうはお好みで！

step 3

空気を抜いて口を閉じ、20分程度湯せんする。

主菜編

注目の食材 | 蒸し大豆

乾燥大豆を蒸して作る方法もあります
が、レトルトパウチや缶詰にされている
商品もあります。
　常温保存もできて、食べたいときに
サッと食べられ、たんぱく質や食物繊維
が豊富に含まれています。

動画をチェック！
▼

主菜編

味付け不要！ 加熱も不要！

さば缶と切り干し大根の煮物風

ポリ袋

キッチンばさみ

調理時間
約5分

#火を使わない　#和食　#野菜が摂れる　#乾物　#缶詰

材料（4人分）
- さば缶（水煮）……1缶　• 切り干し大根……40g　• 乾燥わかめ……少々

── つくり方 ──

step 1

ポリ袋の中で切り干し大根を食べやすい長さに切り、乾燥わかめをポリ袋に入れる。

step 2

さば缶の汁を加えて、切り干し大根と乾燥わかめをなじませた後、さば缶の中身を全て加える。

注目の食材　さば缶

さば缶は手ごろな値段で、手に入りやすい缶詰の一つで、どんな料理にも使いやすい食材です。おいしく、手軽に調理できることや保存性に優れていることも人気の理由です。

さばのEPA、DHAを逃さない缶詰は、缶汁も残さず使いましょう。

動画をチェック！
▼

主菜編

湯せんでできる！

ぷるぷるオムレツ

ポリ袋

カセットコンロ

なべ

#湯せん　#つくって楽しい　#たまご

調理時間
約**20**分

材料（1人分）

- 卵……2個
- A｜鮭フレーク……大さじ1　練乳……大さじ1　マヨネーズ……大さじ1

step *1*

ポリ袋に卵を割り入れ、Aを加える。

🔄 **チェンジ！**

・練乳→牛乳

・鮭フレーク→カニ缶やツナ缶

step *2*

袋の口を閉じ、全体をなじませたあと、空気を抜きながら口を閉じ、袋の角に寄せる。

step *3*

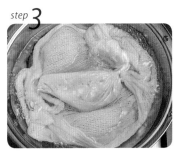

お好みの固さまで湯せんする。

注目の食材 **鮭フレーク**

焼き鮭をほぐして、瓶詰めしたものをイメージする方が多いかと思います。ご存じのとおり、ご飯との相性は抜群で、パスタやオムレツなどにも使え、手軽に魚のもつ栄養を摂取することができます。

動画をチェック！
▼

主菜編

主菜編

しみうま!
凍り豆腐の煮物

#湯せん　#和食　#乾物

ポリ袋

カセットコンロ

なべ

調理時間
約**25**分

材料（2人分）
- 凍り豆腐……2枚分
- かつお節……3g（パック小袋1包）
- 牛乳……100ml
- オイスターソース……小さじ1

──── つくり方 ────

step *1*

ポリ袋に凍り豆腐を入れ、牛乳でもどす。

👆 **ポイント!**

- 凍り豆腐と牛乳でたんぱく質がたっぷり摂れる！
- ひとくちサイズのものを使うと、切る手間いらず！

step *2*

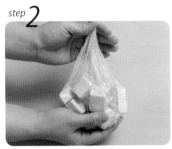

オイスターソースを加え、袋の口を閉じ、全体をなじませる。

🔄 **チェンジ!**

オイスターソース→しょうゆ

step *3*

空気を抜きながら口を閉じ、20分程度湯せんする。仕上げにかつお節をまぶして、全体をなじませる。

主菜編

注目の食材 **凍り豆腐**

豆腐を凍結し、低温で寝かせた後に乾燥させた日本の伝統食材です。「畑の肉」と言われる大豆の成分が凝縮され、レジスタントスターチ（人の大腸まで届くでんぷん質）を豊富に含む食材として注目されています。大きさや厚みに様々な形状があり、料理に合わせて選べます。

動画をチェック！

▼

栄養バッチリ！
お麩の炒め物

#和食　#野菜が摂れる　#たまご　#乾物　#缶詰

ポリ袋

カセットコンロ

フライパン

キッチンばさみ

調理時間
約**20**分

材料（4人分）
- 車麩……4個　・水……150ml　・ツナ缶……1缶（70g）
- 卵……2個　・オイスターソース……大さじ1
- にら……1/2束　・かつお節……3g（パック小袋1包）

──── つくり方 ────

step 1

ポリ袋に車麩（くるまぶ）を割り入れ、水を入れてもどす。ツナ缶（汁ごと）、オイスターソース、卵を加えて袋の口を閉じ、全体をなじませる。

👆 ポイント！

袋に入れる水は、缶に残ったツナを洗いおとすようにして入れる。

🔄 チェンジ！

- 車麩→一般的な麩
- オイスターソース →しょうゆ

step 2

にらをキッチンばさみで切りながら1に加えてさらになじませ、フライパンに出して炒める。

🔄 チェンジ！

にら→冷蔵庫の残り野菜

step 3

器に盛り、かつお節をふる。

注目の食材　車麩（くるまぶ）

　車輪のような形の焼き麩。消化吸収がよく、汁物や煮物に適しています。たんぱく質を豊富に含み、保存がきき、肉の代わりとして使うこともできます。

動画をチェック！
▼

汁物・飲み物編

カラダほっこり！

具だくさん
シチュー

ポリ袋

カセットコンロ

なべ

スケッパー

調理時間
約**35**分

#湯せん　#アウトドア　#つくって楽しい　#カラダぽかぽか　#野菜が摂れる

材料 (2人分)
- ・ベーコン……2枚分　・塩・こしょう……適量
- ・冷凍野菜 (ブロッコリー、カリフラワー、にんじん)……100g
- ・牛乳……400ml　・米粉……30g

───── つくり方 ─────

step *1*

ポリ袋にスケッパーで切ったベーコンと冷凍野菜を入れる。

↻ チェンジ！

冷凍野菜→冷蔵庫の残り野菜

step *2*

米粉を入れて、袋の口を閉じ、全体をなじませる。塩・こしょう、牛乳を加えてなじませる。

↻ チェンジ！

米粉→すりおろした
切りもち（23頁参照）

☝ ポイント！

・米粉は、とろみを
つけるために使用。
・塩・こしょうはお
好みで！

step *3*

空気を抜きながら口を閉じ、20分程度湯せんする。

汁物・飲み物編

注目の食材 冷凍野菜

　市販の冷凍野菜は、ブロッコリーやほうれん草、いんげんなど、様々な種類があり、解凍するだけで手軽にいただけます。急速に凍結されているので野菜の味や食感の変化が抑えられ、野菜の栄養も保たれています。

動画をチェック！
▼

汁物・飲み物編

鮭の中骨缶でつくる！

ほっこり団子汁

ポリ袋

カセットコンロ

なべ

キッチンばさみ

ピーラー

調理時間
約**35**分

#煮る　#アウトドア　#カラダぽかぽか　#和食　#乾物　#缶詰

材料（2人分）

- 鮭の中骨缶……1缶（150g）　• 水……500ml
- にんじん……50g　• 長芋……50g
- A｜米粉……80g　牛乳……80ml　油……小さじ1
- みそ……20g　• 乾燥わかめ……少々

─── つくり方 ───

step *1*

なべに鮭の中骨缶と水を入れ加熱する。にんじんをピーラーで薄く切りながら入れる。

☞ ポイント！

なべに入れる水は、缶に残った鮭の中骨缶を洗いおとすようにして入れる。

↻ チェンジ！

鮭の中骨缶→さばの水煮缶

step *2*

ポリ袋にAを入れ、口を閉じてこねておく。下処理した長芋（21頁参照）を、別のポリ袋の中に入れて、たたく。

↻ チェンジ！

米粉→すりおろした切りもち（23頁参照）、小麦粉

step *3*

沸とうしたらAのポリ袋の角を2センチぐらい切って、しぼり出しながら食べやすい大きさにキッチンばさみで切って入れる。Aが表面に浮かんできたらたたいた長芋を加えてみそで味を調え、乾燥わかめを入れて火を止める。

汁物・飲み物編

注目の食材　鮭の中骨缶

鮭の中骨、いわゆる背骨や鮭肉を集めた缶詰です。高温で加熱処理がされているので、ほろほろとやわらかく食べやすいです。

特筆すべきは、カルシウムが豊富に含まれている点。不足しがちな栄養を補うことができます。

動画をチェック！

汁物・
飲み物編

みそ味もいいけど
トマト味もね！

洋風すいとん

ポリ袋

カセットコンロ

なべ

キッチンばさみ

調理時間
約35分

#煮る　#アウトドア　#カラダぽかぽか　#野菜が摂れる　#お肉

材料（2人分）

- トマトジュース……200ml　• コンビーフ……1個（80g）　• 水……200ml
- A｜小麦粉……90g　油……小さじ1　水……60ml
- 冷凍野菜（ブロッコリー、カリフラワー、にんじん）……100g　• 塩・こしょう……適量

── つくり方 ──

ポリ袋にAを入れてこね、空気を抜きながら
口を閉じる。

step *2*

なべにトマトジュース、水を入れ、コンビー
フをほぐしながら加えて加熱する。

👆 ポイント！

冷蔵庫に残っているお肉や野菜を入れても
OK！

step *3*

沸とうしたら冷凍野菜を加え、Aの入ったポ
リ袋の角を2センチぐらい切って、しぼり出
しながら食べやすい大きさにキッチンばさみ
で切って入れる。塩・こしょうで味を調える。

👆 ポイント！

- 塩・こしょうはお好みで！
- ご飯を加えてリゾットにしてもおいしい！
- 味付けには粉チーズを入れてもおいしい！

注目の食材 | コンビーフ

　塩漬けした牛肉を蒸煮してほぐし、食
用油脂、塩、調味料などを配合したもの
です。お肉の食感と口で溶けるなめらか
さが味わえます。牛肉のうまみと栄養が
凝縮され、常温保存が可能なお肉です。

動画をチェック！
▼

実は、みそと緑茶は合うんです！

郷土料理 茶節

#カラダぽかぽか　#体調不良時　#和食　#乾物

カセットコンロ

なべ

調理時間
約**3**分

材料（1人分）

• みそ……大さじ1/2　• かつお節……3g（パック小袋1包）　• 緑茶……150ml程度

── つくり方 ──

step *1*

器に、みそとかつお節を入れる。

step *2*

小なべで緑茶をつくる。

step *3*

小なべでつくった緑茶を注ぐ。

チェンジ！

緑茶→お湯

注目の食材　茶節

　鹿児島県指宿市一帯を中心とした薩摩半島南部の郷土料理です。疲労回復や二日酔いに効果があるとして、昔から食され愛されてきました。

　一見、びっくりする方もいるかもしれません。飲んでみると、かつお節のだしと緑茶が混ざり、深い味わいです。

動画をチェック！
▼

だしと酸味がマッチ！

梅干しと 海苔のお吸い物

汁物・飲み物編

 ポリ袋
 カセットコンロ
 なべ
 キッチンばさみ

 調理時間
約**3**分

#カラダぽかぽか　#体調不良時　#和食　#乾物

材料（1人分）
- 梅干し……1個
- 切り干し大根……少々
- 乾燥油揚げ……少々
- 海苔……少々
- ごま……適量（あれば）
- 湯……150〜200ml

―― つくり方 ――

step *1*

ポリ袋に梅干しを入れ、種を取りながらつぶす。

step *2*

器に、1とキッチンばさみで刻んだ切り干し大根、乾燥油揚げ、ごま、海苔を入れる。

汁物・飲み物編

step *3*

沸とうした湯を注ぐ。

👆 ポイント!

かつお節を入れてもおいしい!

🔄 チェンジ!

乾燥油揚げ→塩せんべいなど(あられのような食感になります。)

注目の食材 乾燥油揚げ

乾燥油揚げは、熊本県南関町の特産品として知られている南関揚げや、愛媛県松山市の特産品である「松山揚げ」があります。夏場に腐りやすい油揚げを、長期保存できるようにしたものです。みそ汁や甘辛く煮付けるなど、用途は数多くあります。

動画をチェック!
▼

栄養をプラス！

きな粉ドリンク

汁物・
飲み物編

#火を使わない　#混ぜる　#乾物

コップ

調理時間
約**3**分

材料（1人分）
・きな粉……適量　・牛乳……200ml程度

── つくり方 ──

step *1*

コップにきな粉と、牛乳を1/3程度入れ、混ぜる。

ポイント！

甘みをつけるため、このタイミングで砂糖やはちみつを加えてもおいしい！ ただし、はちみつは1歳未満の乳児には与えないこと（83頁参照）。

step *2*

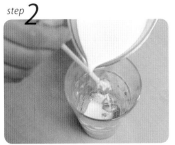

1に残りの牛乳を加える。

汁物・飲み物編

step *3*

よくかき混ぜ、トッピングとして、きな粉を振り入れる。

ポイント！

ポリ袋でつくり、ストローを刺して飲むことも可能！

チェンジ！

きな粉→はったい粉（麦こがし）

注目の食材 　はったい粉（麦こがし）

　大麦などを炒って挽いた粉で、麦こがし、香煎とも呼ばれています。素材に甘みがあり、香ばしさが感じられます。保存性があるため、昭和40年代ごろの子供のおやつとして人気がありました。当時は、砂糖と混ぜ、湯で練り上げる食べ方が一般的でした。

動画をチェック！
▼

汁物・
飲み物編

マイボトルでできる！

お手軽経口補水液

#火を使わない　#混ぜる　#体調不良時

マイボトル

調理時間
約**3**分

材料（1人分）

- 水……500ml
- 砂糖……大さじ2
- 塩……小さじ1/4

── つくり方 ──

step 1

ボトルに水を入れる。

step 2

砂糖、塩を加える。

汁物・飲み物編

step 3

ボトルのふたを閉め、よく振る。

ポイント！

- ポリ袋でつくり、ストローを刺して飲むことも可能！
- お好みでレモン汁を加えてもおいしい！

注目の食材 ｜ **経口補水液**

水分と塩分を素早く補給でき、風邪や熱中症など、初期の脱水状態からの回復に役立ちます。市販のものが手に入らないときなど、家庭で作ることができます。作った分は、その日のうちに飲み切り、体調が改善しない場合は、医師の診断を受けましょう。

動画をチェック！
▼

スイーツ編

あんもちがあったか、
おやつに変身

ミルクぜんざい

#湯せん　#つくって楽しい　#カラダぽかぽか

ポリ袋

カセットコンロ

なべ

スケッパー

調理時間
約**10**分

材料（1人分）

• あんもち（大福、おはぎなど）……1個　• 牛乳……200ml程度

——— つくり方 ———

step *1*

ポリ袋にあんもちを入れ、袋の上からスケッパーで4等分に切る。

step *2*

1に牛乳を半量程度加える。

 チェンジ！

牛乳→豆乳

step *3*

ポリ袋の口を閉じ、湯せんする。器に移し、仕上げに残りの牛乳を加える。

スイーツ編

注目の食材　あずき

　温めておもちと一緒にお汁粉にしたり、パンやクラッカーに塗ってもおいしくいただけます。非常時に甘いものはとても貴重で、イライラなどのストレスを和らげる効果があると言われています。甘いものを身近に味わうには、ゆであずきの缶詰やカップタイプなどが便利です。

動画をチェック！
▼

やさしい味わい！

もっちりきな粉ミルク団子

ポリ袋

カセットコンロ

なべ

スケッパー

調理時間
約**40**分

#湯せん　#つくって楽しい　#乾物

材料（2人分）
- A｜米粉……50g　きな粉……10g（適量）　砂糖……20g
- 牛乳……100ml　・きな粉……大さじ1

step 1

ポリ袋にAと牛乳を加えて混ぜ、空気を抜きながら口を閉じ、湯せんする。

🔄 チェンジ！

米粉→すりおろした切りもち（23頁参照）

👆 ポイント！

ドライフルーツや甘納豆を入れてもおいしい！

step 2

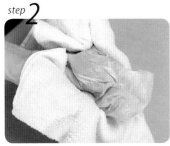

表面に粉っぽさがなくなってきたら取り出して、タオル等に包んでこねる。

👆 ポイント！

こねやすいように大きめのポリ袋（湯せんできるもの）を使うと便利！

step 3

再度湯せんし、表面に透明感が出てきたら棒状にする。ポリ袋の上からスケッパーで切り、きな粉大さじ1を加えて振る。

👆 ポイント！

きな粉をまぶしたあと、ポリ袋の中で丸めると、より団子っぽくなる！

スイーツ編

注目の食材 ｜ きな粉

おもちに絡めて食べるイメージを多くの方が持っているかと思います。ご存じのとおり、大豆を丸ごと炒って粉にしたもので、多くのたんぱく質や食物繊維が含まれています。また、消化も良く、大豆の栄養素を効率的に摂取することができます。保存性も高く、様々な料理に使えます。

動画をチェック！
▼

スイーツ編

ザクザク食感！

乾パンチョコ スティック

ポリ袋

カセットコンロ

フライパン

調理時間
約**15**分

#アウトドア　#つくって楽しい

材料（2人分）

- 乾パン……12個（30g）
- シリアル……10g
- A｜マシュマロ……20g　チョコレート……10g

─── つくり方 ───

step 1

ポリ袋に乾パンを入れ、指で乾パンの真ん中をつぶす。

step 2

フライパンにＡを入れ、弱火で加熱する。溶けてきたら、1とシリアルを加えて混ぜる。

チェンジ！

シリアル→フルーツグラノーラなど

step 3

アルミホイルの上に2を広げ、冷ます。固まりはじめたら、ワックスペーパーで好きな大きさに丸めて、棒を刺す。

ポイント！

冷めると固くなるので、子供と高齢者が食べるときは注意！

チェンジ！

ワックスペーパー→クッキングシート

スイーツ編

注目の食材　乾パン

備蓄用食材の定番です。火や水が使用できない非常時でも食べられ、消化吸収にも優れており、満腹感も得られます。そのままで食べる食べ方以外にも、砕いて使ったり、ジャムをつけたり、スープに浸けたりなど、様々な方法でおいしく食べられます。

動画をチェック！
▼

懐かしの味わい！

カンタンきな粉玉

#火を使わない　#つくって楽しい　#乾物

ポリ袋

スケッパー

調理時間
約**20**分

材料（2人分）

- A｜きな粉……60g　はちみつ……大さじ 2〜3
- きな粉……大さじ 1

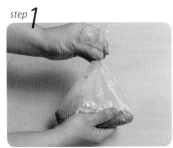

step *1*

ポリ袋にＡを入れて色が変わるまで練り、棒状にする。

👆 **ポイント！**

1歳未満の乳児には、はちみつを水あめなどに変えてつくること！（下記参照）

step *2*

棒状になったら、ポリ袋の上からスケッパーで食べやすい大きさに切る。

step *3*

きな粉大さじ1を加えて振る。

🔄 **チェンジ！**

きな粉→はったい粉など

注目の食材 はちみつ

体内で吸収されやすく、疲労回復効果があり、砂糖の代用として使うことができます。

ただし、1歳未満の乳児に与えてはいけません。ボツリヌス菌が腸内で増えて毒素を出すため、乳児ボツリヌス症にかかってしまうおそれがあります。

動画をチェック！
▼

Index 索引 (掲載ページ順)

あとがき

　料理することの楽しさは感じていただけましたでしょうか。料理に失敗はありません。材料もアレンジして身近な食材を活用してください。「フェーズフリーな食」は、「いつでも、誰でも。楽しく、おいしく、簡単に」を演出します。

　「食」にかかわる仕事をしていると、「○○がないからつくれない」などの声を聞き、残念に思うことがありますが、本書のレシピで「これだけでできるんだ」「簡単だからまたつくってみようかな」「この食材の組み合わせって意外！」など、前向きなご意見をいただけると確信しております。

　これらのレシピを考えるきっかけは、妹の阪神・淡路大震災での被災でした。誰でもつくれるように、さらに試行錯誤しているころ、フェーズフリーを提唱されている一般社団法人フェーズフリー協会の佐藤唯行先生にお会いできたことで、さらなる進化を遂げることができました。

　そして、そのレシピの良さを多くの方々に伝えようと本書を企画していただいたトンプソン智子様、レシピの素晴らしい写真と動画を撮影されたカメラマンの松村宇洋様、本書のきっかけとなった『月刊消防』連載記事の掲載にご尽力いただいた東京法令出版の松宇正一様、本書の編集担当の徳竹裕志様、その他書ききれないくらいのいくつものご縁によって糸が紡がれ、最高のチームワークによって完成した書籍です。

　本書の発行に当たり、ご尽力いただいた全ての皆様に感謝申し上げます。

　発行まであと少しというところで、社会の状況が緊迫感をもつものとなってしまいましたが、そんなときだからこそ、読者の皆様が、本書をきっかけに、前向きに生活していただくための一助となることを願っております。

　末筆ではございますが、皆様のご健康を心からお祈り申し上げます。

●写真提供　　　　　　　　　　　　　　　（敬称略・掲載順）

（お米）小柳農園、（トマトジュース）キッコーマン株式会社、（米粉）小城製粉株式会社、（ベーキングパウダー、ドライイースト）共立食品株式会社、（こめ油）築野食品工業株式会社、（塩昆布）株式会社くらこん、（煎り黒豆）株式会社小田垣商店、（ちりめんじゃこ）有限会社土佐角弘海産、（塩こうじ）有限会社酢屋亀本店、（蒸し大豆）株式会社マルヤナギ小倉屋、（さば缶）岩手県産株式会社、（鮭フレーク、鮭の中骨缶）マルハニチロ株式会社、（凍り豆腐）株式会社みすずコーポレーション、（車麩）株式会社マルヨネ、（冷凍野菜）株式会社ニチレイフーズ、（乾燥油揚げ）株式会社武双庵、（あずき）井村屋株式会社、（きな粉）株式会社幸田商店、（乾パン）三立製菓株式会社、（はちみつ）株式会社フーズマーケティングインターナショナル

●写真協力　　　　　　　　　　　　　　　（敬称略・掲載順）

（ロングライフ牛乳等）熊本県酪農業協同組合連合会、よつ葉乳業株式会社、森永乳業株式会社、小岩井乳業株式会社、（そうめん揖保乃糸）マルキ株式会社、（コンビーフ）川商フーズ株式会社、（乾燥油揚げ）株式会社程野商店、（はったい粉）ムソー株式会社

STAFF

企画：トンプソン 智子
写真・動画撮影：松村 宇洋（Pecogram）
撮影進行管理：中山 あゆ（株式会社キープペダリング）
料理：飯田 和子（株式会社WA・ON）
調理サポート：糟谷 礼子、髙澤 奈穂（株式会社WA・ON）
撮影協力：studioWA・ON
special thanks：Michitaka Keiko Chisano Sosuke Kotone

備えいらずの 防災レシピ
「食」で実践 フェーズフリー

2020年8月10日　初 版 発 行
2024年7月20日　初版5刷発行

飯田 和子 著

発行者　星沢 卓也

発行所　東京法令出版株式会社
　　　　〒112-0002 東京都文京区小石川5-17-3
　　　　TEL 03-5803-3304　　FAX 03-5803-2560
　　　　〒380-8688 長野市南千歳町1005番地
　　　　TEL 026-224-5412　　FAX 026-224-5439

印刷所　株式会社加藤文明社